DIE REIHE
Archivbilder

MANNHEIM

VERLORENE SCHÄTZE

Die „Röchlingburg" in der Werderstraße 52, um 1975. Das schlossartige, in den Jahren 1901/1902 nach den Plänen von Stararchitekt Tillessen erbaute Wohnhaus des Industriellen Heinrich Röchling war eine der großzügigsten Villen Mannheims. Das Haus diente von 1959 bis 1974 als Seminar- und Bildungszentrum der Jesuiten. Dem Anliegen der Denkmalschützer standen die Vermarktungswünsche der Rhein-Finanztreubau GmbH unter Beteiligung der Stadtsparkasse entgegen. Die Abrissgenehmigung der Stadt wurde 1977 sofort in die Tat umgesetzt.

DIE REIHE
Archivbilder

MANNHEIM
VERLORENE SCHÄTZE

Volker Keller

SUTTON
VERLAG

Sutton Verlag GmbH
Hochheimer Straße 59
99094 Erfurt
http://www.suttonverlag.de

ISBN 3-89702-518-3

Druck: Midway Colour Print, Wiltshire, England

Plan von 1945 für einen Wiederaufbau des Schlosses als Wohngebäude mit Durchfahrt im Mittelbau. Vielfach wurde sogar gefordert, die Schlossruine als Hindernis für eine freie Fahrt nach Ludwigshafen ganz abzureißen. Selbst das zweitgrößte Schloss Europas entging nur um Haaresbreite dem drohenden Abriss.

Inhaltsverzeichnis

Danksagung		6
Bildnachweis		6
Geleitwort		7
Kahlschlag kontra Denkmalpflege		9
1.	Barockgebäude	11
2.	In den Quadraten	23
3.	Rund um das ZI	39
4.	In den Stadtteilen	53
5.	In den Vororten	65
6.	Öffentliche Gebäude	77
7.	Waren- und Bürohäuser	93
8.	Industriegebäude	101
9.	Gefährdet!	115
10.	Gerettet!	123

Danksagung

Für dieses Buch haben mich folgende Personen und Institutionen beraten und vielfältig unterstützt. Ohne ihre Mithilfe wäre dieses Buch nicht zu Stande gekommen. Ihnen allen möchte ich nachdrücklich danken!

Robert Bechtel und Norbert Gladrow, Stadt Mannheim, Fachbereich Städtebau; Dr. Ulrich Nieß, Michael Caroli, Dr. Anja Gillen, Dr. Hanspeter Rings, Marlies Emig, Hedwig Bialota, Petra Castellaneta, Stadtarchiv Mannheim, Fachbereich Museen und Archiv; Werner Albrecht; Bernd Armbruster, Firma Kneucker; Dr. Grit Arnscheidt; Dietmar Brixy; Eichbaum-Brauerei; Wolf Engelen; Bernd Fillafer; FRIATEC AG; Konstantin Groß; Dr. Paul Groß; Rolf Häberer, früher Amt für Wirtschaftsförderung; Karstadt Mannheim; Hanne und Hansjürgen Kessler; Stephan Lotter; Gabriele Mempel; Dr. Monika Ryll, Fachbereich Baurecht und Umweltschutz; Dr. Andreas Schenk; Wolfgang Schmidt; Josef K. Schmitt; Wolfgang Schmitt; Julia Ströbel, Sutton Verlag; Lothar Schumann; Dr. Karl J. Svoboda; Günther Theis; Dr. Hans Wegerle; Dr. Lothar Wieser, TSV Mannheim.

Meiner Frau Ursula Ascheberg danke ich ganz besonders herzlich für ihre Unterstützung und Geduld!

Bildnachweis

Werner Albrecht: 53, 85 u; Wolf Engelen: 124 o; FRIATEC AG: 104 u; Norbert Gladrow: 21 u, 35 o u, 59 o, 90 o u, 112 u, 113 u, 119 o u; Konstantin Groß: 69 o u, 106 o, 110, 111 o u, 112 o, 113 o; Dr. Paul Groß: 56; Rolf Häberer: 108 o u; Hochbauamt Mannheim 124 u; Karstadt Mannheim: 29 u; Gudrun Keese: 60 o, 118 o; Volker Keller: 12 o u, 20, 27 o, 30 u, 57 o u, 59 u, 60 u. 80 o, 81 u, 84 u, 88 o, 116 u, 117 o u, 118 u, 120 o u, 121 o u, 122 u, 123, 125 o u, 126 o u, 127 o u; Hanne und Hansjürgen Kessler: 65, 66 o u, 67 o; Firma Kneucker: 19 u, 55 o, 98 u, 102, 103 o u; Stephan Lotter: 87 u, 109 o u; Gabriele Mempel: 76 o; Reiss-Engelhorn-Museen: 21 o; Stadtarchiv Mannheim, Fachbereich Museen und Archiv: 13 o u, 14 u, 15 o u, 16 o u, 17 o u, 18 u, 22 u, 26 o, 30 o, 31 o u, 34 o u, 36 o, 37 o u, 41 o, 43 o, 47 u, 50 u, 54 o u, 58 o u, 64, 67 u, 68 o u, 70 o, 71 o u, 72 o u, 73 o u, 74 o u, 75 o u, 77, 78 o, 80 u, 81 o, 84 o, 86 o, 89 u, 92 u, 94 o u, 95 o u, 97 o, 99 o, 105o u; Stadt Mannheim, Fachbereich Städtebau: 2, 8, 11, 14 o, 18 o, 19 o, 22 o, 23 u, 24 o u, 25 o u, 26 u, 27 u, 28 u, 29 o, 32 o u, 33 o u, 36 u, 38, 39, 40 o u, 41 u, 42 o u, 43 u, 44 o u, 45 o u, 46 o u, 47 o, 48 o u, 49 o u, 50 o, 51 o u, 52 o u, 55 u, 70 u, 79, 82 u, 83 o, 85 o, 88 u, 92 o, 93, 96, 97 u, 98 o, 99 u, 106 u, 107 o, 116 o; Josef K. Schmitt: 61 o u, 62 o u, 63 o u; Wolfgang Schmitt: 28 o, 75 u, 83 u; Lothar Schumann: 86 u, 87 o; Dr. Karl J. Svoboda: 4; Günther Theis: 101; Foto Thomas: 82 o; TSV Mannheim: 89 o; Dr. Hans Wegerle: 78 u

Geleitwort

In der Architektur einer Stadt, so heißt es, wird deren Geschichte augenfällig. Aber wie geht eine Stadt mit ihrem architektonischen Erbe um, was will sie bewahren, was will sie verändern? Mit wem und wie tritt sie hierüber in Dialog? Gewiss, das Spannungsfeld zwischen Tradition und Fortschritt, zwischen Alt und Neu, bleibt in der Architektur immer bestehen, ist ihr systemimmanent. Da ist auf der einen Seite das ambitionierte Wollen moderner Architekturformen, die den vermeintlichen Erwartungen wirtschaftlicher und verkehrstechnischer Funktionalität glauben folgen zu müssen; dagegen steht auf der anderen Seite der nachhaltige Anspruch nach Identitätsbewahrung, die Forderung nach behutsamem Umgang mit den wenigen Baudenkmälern der Vergangenheit, nach Berücksichtigung des historisch Gewordenen und Erlebten. Für das Bauen muss daher der Anspruch gestellt werden, dass es sich der eigenen Herkunft versichert, wenn es über den Augenblick hinaus in die Zukunft gerichtet sein will.

In der vorliegenden Studie wird aufgezeigt, wie in der Nachkriegsgeschichte Mannheims die Entscheidung häufig gegen das Bewahren, gegen das Einbinden des Gewordenen und für das radikale Verändern fiel, wie bauliche Ankerplätze für eine kollektive Erinnerung oft unwiederbringlich verloren gingen. Der Autor bezieht hier klar Stellung, liefert eine eindrucksvolle Dokumentation ab, stimmt uns vielleicht wehmütig. Doch seine Arbeit will vor allen Dingen nachdenklich machen. Hierbei trifft er sich mit der Aufgabenstellung des Vereins Stadtbild e.V. Der Verein will Brücken schlagen, will das Mannheimer Stadtbild pflegen und verbessern, insbesondere zur Erhaltung und Wiederherstellung der historischen Bausubstanz beitragen. Das gelingt nur, wenn er Partner findet, wenn er in Dialog mit den Verantwortlichen in Stadt und Gesellschaft treten kann. Für seine Argumentation bedient er sich auch des Stadtarchivs. Denn nur hier ist der Ort, wo die Quellen für das Erinnern verwahrt werden, wenn die Gebäude längst verschwunden sind oder in ihrem baulichen Gesicht sich weitgehend verändert haben. Ein Archiv ist das Gedächtnis und das Gewissen einer Stadt – es ist damit ein wichtiger Partner und Vermittler. Es will dem Anliegen der Öffentlichkeit nach historischen Informationen ebenso gerecht werden, wie den verantwortlichen Planern Maßstäbe an die Hand geben, auf welchen Fundamenten sie bei ihrer Arbeit stehen.

Dem Buch wünschen wir gute Aufnahme, verbunden mit der Hoffnung, dass es einen Beitrag dazu leisten kann, den Dialog um die Pflege der historischen Bausubstanz in Mannheim zu beleben.

Mannheim, im August 2002

Dipl. Kauf. Hans Freiländer
Vorsitzender
Verein Stadtbild e.V.

Dr. Ulrich Nieß
Stadtarchivdirektor
Stadtarchiv Mannheim

Barocke Türumrahmung aus dem Wohnhaus H 5, 9, aufgestellt vor dem Zentralinstitut für Seelische Gesundheit, um 1980. Das älteste Wohnhaus der Innenstadt von 1708 wurde 1971 abgerissen. Die Reminiszenz mit Engelskopf und Jahreszahl wurde in den Grünanlagen des ZI aufgestellt. Seit einigen Jahren ist auch diese letzte Erinnerung verschwunden. (Siehe S. 22, 39, 43, 52)

Kahlschlag kontra Denkmalpflege

Auswärtige bemerken in Mannheim oft einen ausgeprägten Lokalstolz und eine Liebe zur Stadt. Diese Haltung steht im merkwürdigen Kontrast dazu, wie mit dem kulturellen Erbe der Stadt umgegangen wird. Nach offiziellen Angaben fielen im Zweiten Weltkrieg 49 Prozent der Gebäude in Schutt und Asche. Die verbliebene historische Substanz Mannheims, seine Gebäude und Denkmäler, werden jedoch keineswegs in Ehren gehalten. Da liegt das zweitgrößte Schloss Europas, von der Stadt durch eine Straßentrasse abgeschnitten, seit langem ungepflegt und unbeachtet in einem Dornröschenschlaf. Immerhin wurde jetzt die überfällige Erneuerung der Fassadenfarbe realisiert. Der zugehörige Schlossgarten ist seit 1959 durch eine hässliche Anhäufung von Verkehrsrampen, Schleifen, Unter- und Überführungen, im Volksmund die „Schneckennudel" genannt, gründlich verschandelt. Andere kurfürstliche Bauten wie die Sternwarte und viele Jahre das Zeughaus sind sich selbst überlassen und dem Zerfall preisgegeben. Da beeinträchtigen, etwa am Ring, klotzige Betonrampen und Überführungen den Blick auf einst repräsentative alte Wohnhäuser, da werfen wuchtige Baumassen der 1960er- und 1970er-Jahre düstere Schatten auf geschichtlich gewachsene Straßenzüge. Manche dieser Bausünden könnte man durch teure Maßnahmen rückgängig machen. Unwiederbringlich verloren aber sind die historischen Bauwerke, die man dem Verkehr, wirtschaftlichen Erwägungen oder einfach aus Unverstand geopfert hat.

Es ist eine bedauerliche Tatsache, dass die Stadtverwaltung oft wenig Verständnis für die Bewahrung der raren historischen Bausubstanz Mannheims aufbrachte. Die durchaus zum Zeitgeist passenden Äußerungen der jeweiligen Stadtoberhäupter sprechen eine deutliche Sprache. So glaubte OB Dr. Hermann Heimerich (1949-1955), „dass es in einer modernen Stadt auf die Stadtkrone ... und auf eine weithin sichtbare Stadtsilhouette nicht mehr ankommt", er setzte sich für eine „großzügige" Lösung des Wiederaufbauproblems ein und bedauerte, dass die „Entschlusskraft", das Schloss abzubrechen, nach Kriegsende nicht vorhanden war. Mit dieser Meinung war er damals nicht allein. In die Amtszeit von OB Dr. Hans Reschke (1956-1972) fallen der heftig umstrittene Abbruch des barocken Kaufhausturms in N 1, die Zerstörung unzähliger Barock- und Gründerzeithäuser, in großen Ausmaßen in der westlichen Unterstadt und auf dem Luzenberg, sowie die Auflösung der Quadratestruktur in den T-, J- und H-Quadraten. Mit großem Aufwand kaufte die Stadt alte Gebäude auf und riss sie ab, beispielsweise die Quadrate F 5, F 6, D 3, D 5, F 3, T 4, T 5, H 4, H 5, H 6, J 5 und Teile von J 4, J 6, F 7, S 4 und S 5. Sollte noch in den ersten Nachkriegsjahren durch Abriss neuer und billiger Wohnraum geschaffen werden, so schlug man später großflächige Breschen in dicht besiedelte Altbauviertel, um Wohnraum zu reduzieren. Altes galt als schlichtweg wertlos, intakte, doch sanierungsbedürftige Häuser wurden „zur Bereinigung ungesunder Nutzungsstrukturen" durch unschöne Neubauten ersetzt. Nur selten hörte man auf die Mehrheit der Bürger: 1963 erstand der zerstörte Wasserturm nach dem eindeutig bekundeten Willen der Mannheimer in seiner alten Form wieder. Bei einer Umfrage plädierten 84 Prozent der Abstimmenden für die historische Form des Wasserturms. Im Jahre 1975 konnte eine Bürgerinitiative den bereits beschlossenen Abbruch der Alten Feuerwache gerade noch verhindern. Die Ära von OB Dr. Ludwig Ratzel (1972-1980) bescherte Mannheim anlässlich der Bundesgartenschau Bausünden, etwa das Collinicenter oder die Herzogenriedbebauung. Der Amtsantritt von OB Gerhard Widder 1983 schien zunächst eine Besserung einzuleiten. Er trat in die Bürgeraktion Altes Kaufhaus e.V. ein, eine

Vereinigung von Mannheimern, die den Abbruch der barocken Kaufhausruine als Fehler ansahen und sich die Wiederherstellung des Stadtmittelpunkts wünschten. Herr Widder versprach in der Etatrede 1985 den Mannheimern, dass er sich „mit allen Kräften darum bemühen werde, die Voraussetzungen dafür zu schaffen, dass auf dem Grundstück N 1 das alte Kaufhaus in seiner von den Bomben zerstörten Gestalt wieder aufgebaut werden wird." Was genau den OB zu einem radikalen und plötzlichen Meinungsumschwung veranlasst hat, ist bis heute nicht geklärt. Nach der Abkehr der Stadt von allen Versprechungen erwirkte die Bürgeraktion einen Bürgerentscheid. Am 2. November 1986 votierten 53.340 Mannheimer, das waren 83 Prozent der gültigen Stimmen, für die Rekonstruktion der historischen Fassaden. Das Ergebnis war eindeutiger als die folgenden OB-Wahlen. Trotzdem unterlagen die Befürworter einer Rekonstruktion, denn wie meist bei Bürgerentscheiden wurde das erforderliche Quorum knapp verfehlt. Der Bau des „Stadthauses" wurde zum traurigen Höhepunkt des vergeblichen Kampfes der Bürger um einen sensibleren Umgang mit dem kulturellen Erbe Mannheims.

Das 1972 in Kraft getretene Denkmalschutzgesetz Baden-Württembergs hatte die Situation nur bedingt verbessert. Zwar wurden zahlreiche Kulturdenkmale restauriert und ihre Erhaltung gesichert, der Abriss eines geschützten Gebäudes wurde per Gesetz erschwert. Dennoch fielen in Mannheim zahllose als Kulturdenkmal eingestufte Bauten der Spitzhacke zum Opfer, darunter viele, die der Stadt gehörten. Wenn der Bauherr etwa „wirtschaftliche Zumutbarkeit", „Gesundheitsfürsorge" oder „Verkehrsplanung" ins Feld führte, zog der Denkmalschutz den Kürzeren. Die Zerstörungen am Klinikum und um das Zentralinstitut für seelische Gesundheit, der Abriss des Laurentiusblocks in der Neckarstadt und viele Beispiele mehr legen ein bedrückendes Zeugnis davon ab.

Der beklagenswerte Gipfelpunkt der Kahlschlagpolitik in Mannheim war das „Jahr des Abrisses 1998". Es brachte, nach erbitterten, aber vergeblichen Bemühungen der Denkmalfreunde, die Vernichtung von sieben Altbauten im Laurentiusblock, von denen fünf unter Denkmalschutz standen, die Zerstörung des Alten Lanzkrankenhauses und den Abbruch eines Patrizierhauses in B 5, 1a. Die Tatsache, dass die Stadt sich inzwischen um die Rettung der Gründerzeit-Fassaden von J 4, 2a bemühte, der Gemeinderat 2001 sogar Geld für den Erhalt der Platzfassade bewilligte, könnte das Signal für ein Umdenken sein. Dennoch ist die weitere Vernichtung von Altbausubstanz zu befürchten. Der Abriss der Kinderabteilung im Klinikum ist beschlossene Sache. Der Erhalt des Kulturdenkmals Offizierskasino der alten Grenadierkaserne ist bereits „wirtschaftlich nicht zumutbar", mit den zerfallenden Arbeitersiedlungen der Spiegelfabrik und der alten Zellstofffabrik steuert man ähnliche Ziele an. Gründe für weitere Zerstörungen lassen sich finden, etwa ein Festhalten an der Verkehrspolitik vergangener Jahrzehnte mit dem Ausbau möglichst breiter Straßen, größtmögliche wirtschaftliche Ausnutzung von Altbauten als Spekulationsobjekte oder der Expansionsdrang von Firmen, die ihre Umgebung nach und nach für ihre Anbauten einnehmen.

Trotz dieses düsteren Bildes besitzt Mannheim immer noch beachtliche Ressourcen an erhaltenswerten Bauwerken und reizvollen Straßenbildern. Früheren Versäumnissen nachzutrauern wäre müßig, doch ist ein Umdenken notwendiger denn je. Vielleicht reift dann einmal die Einsicht, dass Kahlschlagpolitik niemals ein „wirtschaftlich zumutbares" Mittel sein kann, denn qualitätsvoll sanierte Altbauten zahlen sich langfristig mehr aus, als kostengünstig hochgezogene Allerweltsarchitektur. Nicht das Geringste ist gegen neue Baustile einzuwenden, wenn diese menschliche Proportionen und Bedürfnisse einhalten, ästhetisch ausgewogen sind, aus angemessenen Materialien erbaut sind und sich harmonisch in eine gewachsene Umgebung einfügen. Die Mannheimer Neubauten erreichten jedoch selten die Qualität der für sie zerstörten alten Bauwerke. Die Zerschlagung historischer Gebäude bewirkt immer einen unwiederbringlichen Verlust an gewachsener Urbanität und Heimat. Leider wurde in Mannheim so viel dem Abbruch preisgegeben, dass die folgende Foto-Dokumentation im Bildteil keinen Anspruch auf Vollständigkeit erheben kann.

1
Barockgebäude

Das Handelskammer-Gebäude in L 1, 2 beim Abbruch im Mai 1950. In dem 1743 erbauten Palais Löwenthal, später kurfürstliches Lotteriehotel, seit 1926 Handelskammer, blieb im Rückgebäude nach dem Abbruch einer der schönsten Rokokosäle des kurfürstlichen Mannheim erhalten. Noch 1955 ist er in Bestandsplänen nachzuweisen. Er fiel späteren Umbaumaßnahmen zum Opfer.

Das Schloss mit den Schlosswachhäusern, um 1930. Nachdem die beiden Wachhäuser den Krieg überstanden hatten, fanden im rechten Verwaltung und Ausleihe der Schlossbibliothek und im linken die Stelle für Wiedergutmachung Unterkunft. Ihre Zerstörung 1958 im Zuge der Verbreiterung der Bismarckstraße hätte man durch eine Versetzung um wenige Meter vermeiden können.

Bauteile der ehemaligen Schlosswachhäuser im Bauhof des Schwetzinger Schlossparks, um 1985. Die Teile der 1958 abgebrochenen Wachhäuser wurden nummeriert und eingelagert, um sie wieder aufbauen zu können. Heute sind die Reste der Säulen in einem Schuppen gelagert.

Die Stoffhandlung Stetter in F 2, 6, vor 1910. Das barocke Bürgerhaus an der Südwestecke des Marktplatzes war sowohl städtebaulich als auch stadtgeschichtlich von großer Bedeutung. Das Eckzimmer im ersten Obergeschoss enthielt einen klassizistischen Saal von 1785 mit reicher Stuckdekoration, Keramikofen und Supraporten. Es wurde 1958 abgebrochen.

Hinterhaus und Hof von F 2, 5, um 1960. Das Wohnhaus aus der Zeit um 1750 besaß einen malerischen Hof, umgeben von einem Laubengang mit Korbbögen. Die Hintergebäude wurden 1973 abgerissen.

Das Wirtshaus „Zum kleinen Mayerhöfel" in L 4, 6, um 1950. Die Wirtschaft hieß ab 1867 „Prinz Wilhelm". Das gut erhaltene eingeschossige Barockhaus wurde 1953 abgebrochen.

D 2, 13 im September 1951. Das Barockhaus kam 1958 in den Besitz der Firma Möbel Mann, 1959 zog der letzte Bewohner aus. Danach wurde es abgebrochen.

S 3, 10 im September 1951. Das Barockhaus beherbergte die kurfürstliche „Hünervorsterey". In den 1960er-Jahren von der Stadtsparkasse erworben, stand es ab 1969 leer und wurde bald darauf abgerissen.

C 3, 18 im September 1951. Viele aus dem 18. Jahrhundert stammende Häuser des Quadrats wurden abgerissen, so auch dieses, in dem bis 1967 noch acht Haushalte im Adressbuch genannt sind.

Düringer'sches Haus in L 4, 4, vor 1914. Das um 1770 erbaute Haus war eines der typischsten Beispiele für ein vornehmes Wohnhaus eines hohen kurfürstlichen Beamten in Schlossnähe. Der Abbruch der Ruine 1955 zerstörte das letzte Exemplar dieser Art. Wirtschaftliche Gründe zählten mehr, als stadtgeschichtliches oder kunsthistorisches Interesse.

Hofansicht von L 4, 4 im September 1951. Die Ruine war noch bewohnt, das Adressbuch nennt 1949 sechs Haushalte. Der große Hof mit dem ehemaligen Stallbau und den Flügelbauten mit Holzgalerien verschwand 1955 mit dem Abbruch des Palais.

D 6, 14 im September 1951. Das barocke Eckhaus mit Bäckerei war bis 1957 bewohnt und wurde danach abgebrochen.

Wohnhaus B 2, 3, Ende Oktober 1944. Das um 1790 erbaute Haus mit reicher klassizistischer Fassade besaß eine unterirdische Brunnenkammer. Es wurde 1974 abgebrochen, um einem Gebäude mit Eigentumswohnungen Platz zu machen.

Die Badische Bank in O 4, 4 im November 1972. Das ehemals zweigeschossige Barockgebäude aus der Mitte des 18. Jahrhunderts wurde 1850 um ein drittes Geschoss erweitert. Nach dem Totalabbruch 1973 bis 1974 wurde es nur teilweise wieder aufgebaut. Sechs Fensterachsen und ein fünfachsiger barocker Anbau mit Mansardendach in der Seitenstraße gingen verloren.

Wohn- und Gasthaus „Landkutsche" in D 5, 3, vor 1927. Auch die „Landkutsche" sei im Zweiten Weltkrieg zerstört worden, heißt es immer wieder, doch wurde das völlig intakte Haus erst 1962 abgebrochen. Die Stadt räumte das ganze Quadrat ab, um es als Parkplatz zu nutzen.

Im Vordergrund sieht man die Kapuzinerplanken in O 5 im September 1945. Das Eckhaus O 4, 14, links, stammte aus dem 18. Jahrhundert, das rechte Nachbarhaus O 4, 13 war um 1900 erbaut worden und hatte ebenfalls den Krieg überdauert. Beide sind aus dem Stadtbild verschwunden.

D 6, 2 in den 1950er-Jahren. Das zweistöckige Gebäude stammte aus dem 18. Jahrhundert. Hier war nur die Dachzone zerstört. Karl Holzapfel unterhielt in dem Haus ein „Wein- und Speiselokal", bis es um 1960 abgerissen wurde.

Das Alte Kaufhaus am Paradeplatz in den 1920er-Jahren. Das von 1724 bis 1746 erbaute barocke Kaufhaus am Paradeplatz umfasste das ganze Quadrat N 1 mit seinen einheitlichen Gebäuden. Von 1903 bis 1910 wurde es als Rathaus der Stadt umgebaut. Es galt als das Wahrzeichen der Stadt.

Der Turm des Alten Kaufhauses in N 1 in den 1950er-Jahren. Nach Kriegszerstörungen standen noch Teile des Erdgeschosses und der Turm mit seinen Rokoko-Verzierungen. Die Pläne für den Wiederaufbau des historischen Gebäudes wurden nie verwirklicht. Im Sommer 1965 ließ die Stadt den Turm abreißen, um mit dem Bau eines vierzehnstöckigen Hochhauses des Architekten Ostertag zu beginnen. Der Bau wurde aus Geldmangel gestoppt.

Modell einer Rekonstruktion des Alten Kaufhauses in N 1 aus den 1980er-Jahren. Nach vielen erfolglosen Planungs- und Bauversuchen gründete sich 1986 eine Bürgeraktion für die Rekonstruktion des Rokokogebäudes. 83 Prozent der abgegebenen Stimmen beim Bürgerentscheid vom 2. November 1986 sprachen sich für die Wiederherstellung der historischen Fassaden aus, dennoch entschied sich die Stadt anders.

Das „Henkerhaus" in H 5, 9 im Juni 1970. Das zweigeschossige Barockhaus war das älteste Wohnhaus, nach dem Alten Rathaus das zweitälteste Kulturdenkmal der Innenstadt. Ein Oberlichtsturz mit einem geflügelten Engelskopf nannte das Jahr der Erbauung, 1708 (siehe S. 8 und 52). Hier wohnte im 18. Jahrhundert der Mannheimer Scharfrichter Schmitt. Das Haus wurde 1971 abgerissen.

Wohnhäuser T 2, 10 und 11 beim Abriss, Januar 1984. Die aus dem 18. Jahrhundert stammenden Häuschen waren die letzten Beispiele für einfache Arbeiterhäuser in der Unterstadt. Im linken Gebäude wohnte 1871 Karl Benz, der Erfinder des Automobils, zur Untermiete bei Philippine Moser.

2
In den Quadraten

Die Fassaden des Scipio-Hauses an der Kunststraße N 5, 3-5 im September1952. Das „noble Stadthaus mit seinen edlen Proportionen in klassizistischem Stil" wurde zu Beginn der 1840er-Jahre von der Familie Scipio erbaut und bis zur Zerstörung 1944 von ihr bewohnt. Trotz Überlegungen, die wertvolle Fassade zu erhalten, baute die Firma Möbel-Boehme 1952 hier ein Hochhaus.

S 1 an der Breiten Straße im Mai 1948. Das Haus S 1, 2 im Vordergrund, schon damals im Besitz der „Nordsee“, und die Häuser Nr. 3 und 5, alles Gebäude aus dem 19. Jahrhundert, verschwanden erst um 1950 aus dem Stadtbild. Im Hintergrund erkennt man die wieder verwendete Konstruktion des Kaufhauses Kander, später bekannt als Prinz-Medienhaus.

F 1 an der Breiten Straße im Oktober 1955. Das Haus F 1, 3 mit der noch intakten Fassade musste wie viele Altbauten der Verbreiterung der Breiten Straße weichen. Für die spätere Fußgängerzone erwies sich die schneisenartige Verbreiterung als ungünstig.

O 6, 3, um 1970. Das um 1900 erbaute Wohn- und Geschäftshaus mit rustizierter Fassade und Fensterverzierungen in den Planken musste in den 1970er-Jahren einem Neubau weichen.

Das Wohn- und Geschäftshaus O 5, 13 (Mitte) in den 1980er-Jahren. Das 1914 errichtete Gebäude mit den volutengeschmückten Pilastern, Balkonen und Erker musste um 1990 einer Erweiterung des Bekleidungshauses Engelhorn und Sturm weichen.

Die Hauptsynagoge in F 2, 13 im November 1955. Die 1855 eingeweihte Synagoge im „byzantinischen Stil“, die rund 700 Plätze aufwies, wurde in der Pogromnacht vom 10. November 1938 von SA-Männern zerstört. Noch 1952 plante das städtische Hochbauamt einen Wiederaufbau des Gebäudes. Dies scheiterte ebenso wie der Versuch, die Ruine als Gedenkstätte zu erhalten. Im Spätjahr 1955 wurden die massiven Fassaden abgebrochen.

F 2, 14-16, im Hintergrund F 3, 21, um 1960. Die Aufnahme zeigt den Straßenzug, dessen rechte Seite 1962 vollständig der Verbreiterung der verlängerten „Fressgasse“ zwischen den E- und F-Quadraten geopfert wurde.

Das „Schiffhaus“ in F 2, 14, um 1960. Das um 1825 erbaute Eckhaus ging 1885 in den Besitz der jüdischen Gemeinde über. Hier wohnte Max Schiff, der Synagogendiener. Links ist bereits die Lücke der abgebrochenen Synagoge zu sehen. 1962 fiel auch das Schiffhaus der Abrissbirne zum Opfer.

Das Eckhaus E 7, 6 (rechts) im September 1972. Das zweigeschossige Wohnhaus aus den 1870er-Jahren mit Kassetten- und Fensterverzierungen im Obergeschoss wurde in den 1970er-Jahren abgerissen, um einem weiteren Wohnhaus des Architekten Carlfried Mutschler Platz zu machen.

Kurpfalzbrücke und Kurpfalzkreisel, um 1953. Die Aufnahme zeigt die damals noch vorhandenen repräsentativen Gebäude am Eingang zur Breiten Straße. Die Wohn- und Geschäftshäuser in K 1 rechts der Breiten Straße wurden um 1973 abgerissen. In U 1 standen noch bis in die 1960er-Jahre die Häuser Nr. 14 und 15. Berühmt-berüchtigt war die Gaststätte „Bierstall" in U 1, 14.

Der Kurpfalzkreisel, um 1970. Während die rechte Seite des Eingangs zur Breiten Straße noch steht, ist die linke Flanke, das Quadrat U 1, bereits durch ein Gebäude im Stil der Zeit mit Plastikfassade ersetzt.

Wohn- und Geschäftshäuser von K 1, 10-13 vor dem Abbruch 1973. Die um 1890 entstandenen Gründerzeitgebäude bildeten den rechten Pfeiler am Eingang zur Breiten Straße.

Das Wohn- und Geschäftshäuser K 1, 9-11 während der Abbruchaktionen, um 1973. Das Eckhaus Nr. 10 war bekannt für seine Schankwirtschaft „Bürgerautomat“.

Das Wohn- und Geschäftshaus in K 1, 4 im Juli 1982. Das 1877 erbaute Haus besaß eine reich gegliederte Fassade aus gelbem Sandstein. Nach dem Krieg entfernte man die Balkone und nutzte nur noch das Erdgeschoss. Es wurde um 1983 abgerissen.

K 1, 6 kurz vor dem Abbruch 1983. In dem Haus, das zwischen 1850 und 1870 entstand, betrieb der SPD-Abgeordnete August Dreesbach ein Zigarrengeschäft. Die beiden, durch zierliche Säulchen verbundenen Balkone sollten nach dem Willen der Denkmalschützer in den Neubau integriert werden, doch verschwanden sie auf unerklärliche Weise.

Der Hof in H 7, 11-12 während des Abbruch am 13. September 1982. Hier ging eines der letzten Beispiele der typischen Mannheimer Holzgalerien verloren.

Das zweistöckige, um 1885 erbaute Wohnhaus mit Mansarddach in H 7, 11 wurde im September 1982 abgerissen.

D 4, 1, um 1970. Das Jugendstilhaus wurde 1971 zerstört. Die Häuserzeile fiel der Verbreiterung der verlängerten Kunststraße zum Opfer.

D 4, 1 und 15-19, um 1970. Beim Abbruch der Häuserzeile im Jahre 1971 verschwanden sowohl die Barockhäuser als auch die Gebäude des 19. Jahrhunderts und der Gründerzeit. Das Haus Nr. 16 (das Zweite von links) wurde 1714 erbaut. Es diente bis 1824 als evangelisches Schulhaus.

D 4, 15-19 und 1, um 1970. Die Häuserzeile mit dem barockisierenden Jugendtstilgebäude im Vordergrund verschwand 1971.

D 4, 14 und 15, um 1970. Das Eckhaus fiel 1971 der Straßenverbreiterung zum Opfer, die Gebäude links blieben erhalten.

Das Wohnhaus B 6, 1a, September 1981. Die reich gegliederte Fassade des 1895 erbauten Bürgerhauses aus hellem und rötlichem Sandstein, die schmiedeeisernen Balkongitter, die hölzerne Haustür, die Innenstruktur mit stuckverzierten Räumen waren vollständig erhalten, als sie 1998 abgerissen wurden.

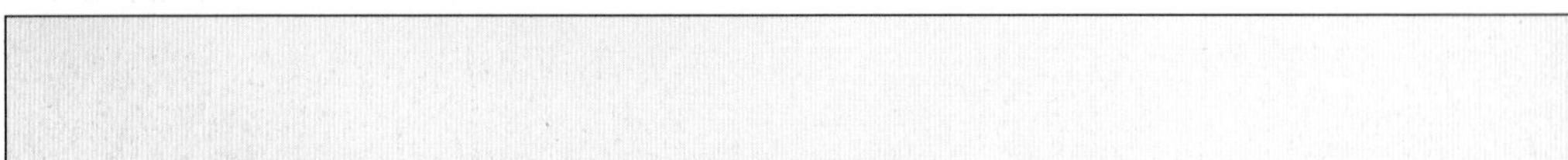

B 6, 1a, Rückansicht im September 1981. Das Gebäude musste 1998 Neubauten der Universität Platz machen, obwohl das Staatliche Hochbauamt zuvor noch davon sprach, „diesen Altbau als Wohn- und Verwaltungsgebäude zu erhalten und in die Fakultätsgebäude zu integrieren".

Der Innnenraum in B 6, 1a im August 1995. Seit Jahren systematisch dem Verfall ausgesetzt, war trotz Taubendreck immer noch die Schönheit der hohen Räume mit Kassettentüren und Stuckdecken offensichtlich.

Eine Stuckdecke in B 6, 1a im August 1995. Die gesamte Innenstruktur des Gebäudes war erhalten, darunter die wertvollen Stuckdekorationen. Sie wurden im „Jahr des Abrisses" 1998 zerstört.

J 1, 18a, 19 und 20 im Juli 1950. Während die beiden zweistöckigen Häuser aus dem frühen 19. Jahrhundert noch existieren, wurde das rechte, aus der Zeit um 1860 stammende Gebäude einhundert Jahre nach seiner Entstehung von einer Firma abgerissen.

Häuser am Luisenring, um 1950. Auch diese Wohnhäuser sind für immer aus dem Stadtbild verschwunden.

B 5, 12 (Bildmitte) im Februar 1982. Das um 1875 erbaute Bürgerhaus wurde zum Spekulationsobjekt und musste in den 1980er-Jahren einem rentableren Neubau Platz machen.

Q 7, 14 im November 1953. Das 1898 erbaute und noch erhaltene Haus wurde durch Abbruch des Erkers und der von ionischen Säulen gehaltenen Balkone verstümmelt. Beim Wiederaufbau des linken Nachbarhauses Nr. 15 wurden fast alle Balkon- und Fensterverzierungen entfernt.

Wohnhaus H 4, 22, um 1970. Die „Sanierung“ der westlichen Unterstadt, der Abriss mehrerer Quadrate und eines blühenden Wohnviertels, schuf in den 1970er-Jahren Platz für das Zentralinstitut für Seelische Gesundheit.

3

Rund um das ZI

Das abgerissene Quadrat J 5 mit Blick auf H 5 im Juni 1970. Das älteste Barockhaus der Stadt von 1708 stand noch. Die von der Stadt durchgeführte „Sanierung“ der westlichen Unterstadt brachte die vollkommene Zerstörung der Quadrate H 4, H 5, H 6 und J 5. Die Quadrate J 4 und J 6 weisen heute nur noch spärliche Altbaureste auf.

Die Gründerzeithäuser H 4, 16-18 und 19, um 1970. Das stattliche Eckhaus Nr. 16-18 an der Nordwestecke des Quadrats wurde um 1900 erbaut. Im Hintergrund ist bereits ein Betonbau des Zentralinstituts für Seelische Gesundheit (ZI) zu sehen.

H 4, 23-26, um 1970. Das aufwändig erbaute Gründerzeithaus mit Sandsteinfassade Nr. 23 – hier war „Hildes Bierstübl" ansässig – und die Nachbarhäuser aus dem frühen 19. Jahrhundert wurden Anfang der 1970er-Jahre zerstört.

H 4, 7 und 9 vor dem Abriss, Juni 1972. Die Wohnhäuser aus dem 19. Jahrhundert waren den Anlagen um das Zentralinstitut für Seelische Gesundheit im Weg.

Die Häuserzeile H 4, 17-26, links H 5, 1-8, Anfang der 1970er-Jahre. Im Hintergrund ist bereits der Steg des Zentralinstituts für Seelische Gesundheit zwischen J 4 und J 5 zu sehen. Kurz nach der Aufnahme wurden beide Straßenseiten abgerissen.

H 5, 1-5 im Juni 1970. Die zum Quadrat H 4 ausgerichteten Gründerzeithäuser fielen in den 1970er-Jahren der Spitzhacke zum Opfer.

H 5, 1-8 im Juni 1970. Außer dem Eckhaus war die zu H 4 ausgerichtete Häuserzeile aus dem 19. Jahrhundert vollkommen intakt, als sie in den 1970er-Jahren abgebrochen wurde.

H 5, 6-8 / J 5, 1-7 von H 4 aus gesehen, Sommer 1951. Die alten Barockhäuschen am Rand der Altstadt waren zu einem großen Teil noch erhalten. Da sie wertlos schienen, wurden sie bereits vor ihren gründerzeitlichen Nachbarhäusern abgerissen.

Die Hofseite des „Henkerhauses“ H 5, 9 im Juni 1970. Nur wenig später wurde dieses zweitälteste Baudenkmal der Innenstadt genauso zerstört wie das Gründerzeithaus H 4, 16-18 im Hintergrund.

H 5, 16-19 im Juni 1970. Das markante Eckhaus Nr. 17 von 1885 stand zwischen kleineren Häuschen aus dem 18. und 19. Jahrhundert. Die Häuser verschwanden, wie das Galeriehaus im Hintergrund in J 5, in den 1970er-Jahren.

H 5, 17-21, 1960er-Jahre. Die zu G 5 ausgerichtete Häuserzeile aus verschiedenen Epochen des 19. Jahrhunderts verschwand in den 1970er-Jahren aus dem Stadtbild. Die Gaststätte in H 5, 21 hatte seit 1867 das Realrecht „Zum Goldenen Ochsen".

H 6, 12 im Oktober 1972. Das völlig intakte, um 1900 erbaute Haus mit der Gaststätte „Zur Eintracht“ wurde bald nach der Aufnahme abgerissen.

Wohnhaus H 6, 4-5 im Juni 1970. Das Jugendstilgebäude war das letzte Haus, das in H 6 zerstört wurde. Heute befindet sich auf dem Quadrat ein verwahrloster Kinderspielplatz, auf dem viel Beton zu sehen ist.

Das Wohnhaus H 6, 4-5 in den 1960er-Jahren (links) wurde in den 1970er-Jahren abgebrochen. Die Fassade des Eckhauses J 6, 1 mit dem Doppelerker blieb erhalten. Das als „Café Filsbach“ bekannte Haus gibt dem Spaziergänger einen Eindruck, wie die ganze Gegend heute aussehen könnte.

J 4, 1 im Juni 1970. Das Quadrat J 4 war durch eine Gasse in die Teile J 4 und J 4a geteilt. Noch vor dem Krieg wurden die Häuser des südlichen Teils von J 4 beseitigt. Danach ging die Bezeichnung J 4a in J 4 über. Das Eckhaus aus der Zeit um 1900 wurde in den 1970er-Jahren zerstört.

J 4, 2a-6 im Juni 1970. Nach der Zerstörung aller Altbauten 1975 blieb, wohl aus Versehen, das Eckhaus links hinten übrig. 1999 sollte auch J 4, 2a abgerissen werden, was der Verein Stadtbild und das Landesdenkmalamt zunächst verhinderten. Die neugotische Fassade soll nach neuesten Planungen in den Neubau einer Suchtklinik des ZI einbezogen werden (Siehe S. 116).

J 4a, 6-12 im Juni 1970. Im Eckhaus Nr. 11a war die „Restauration Malzstübel" untergebracht. Die Gründerzeithäuser wurden um 1975 ebenso sinnlos zerstört wie schon früher die rechts anschließenden Barockhäuser.

J 4, 12, 13, 14, 15, 16 und 1 im Juli 1950. Die Gebäude stammten aus dem 18. bzw. dem frühen 19. Jahrhundert. Nur Haus Nr. 13 war teilweise zerstört, doch bewohnt. Die der Stadt Mannheim gehörenden Barockhäuser wurden in den 1960er-Jahren abgebrochen.

Die Straße zwischen J 4 und J 5 im Juni 1970. Auch im Eckhaus J 5, 7 befand sich einst eine „Restauration". Die Quadrate verschwanden für immer aus dem Stadtbild.

J 5, 7-12 im Juni 1973. Die zu K 5 zeigende, aus dem 19. Jahrhundert stammende Häuserzeile wurde in den 1970er-Jahren zerstört.

J 5 im Juni 1970. Es stehen noch die Häuser 3, 6, 7 und der nördliche Teil des Quadrats. Sie verschwanden bald nach der Aufnahme.

J 5, 7-12 im Juni 1973. Die gegenüber der Johannes-Kepler-Schule in K 5 liegende Häuserzeile aus dem 19. Jahrhundert umfasste Wohnungen und Kleinbetriebe. Sie wurde in den 1970er-Jahren zerstört.

J 5, 12 von K 6 aus gesehen, Juni 1970. Das aus verschiedenen Bauteilen aus dem 19. Jahrhundert bestehende Anwesen verschwand kurze Zeit nach der Aufnahme.

J 5, 1, September 1951. Da die Straße zwischen J 5 und H 5 dem alten Festungsverlauf entsprechend schräg verlief, war die Ecke des Hauses flach abgewinkelt. Heute steht hier das ZI.

J 5 nach Abbruch der Häuser 1-2 und 13-21 von H 5 aus, Juni 1970. Im Hintergrund die Galerien von J 5, 6 und andere Gebäude, die kurze Zeit später zerstört wurden. Sie stammten aus dem 18. und 19. Jahrhundert. Die Häuser J 6, 6-8 links im Bild blieben von der Abrissbirne verschont.

Hofgalerien von J 5, 6 kurz vor dem Abbruch, Juni 1970. Verschwunden sind damit auch Beispiele für die typische Mannheimer Hofanlage mit Holzgalerien.

Die Rückseiten der Häuser J 5, 5 und 3 im Juni 1970. Durch die Abbruchlücke von J 5, 4 ist bereits der Blick auf die Gebäude J 4, 8 und 9 frei. Alle diese Häuser verschwanden kurze Zeit nach der Aufnahme.

Blick aus J 5 auf die Quadrate J 4 und H 4 mit dem markanten Eckhaus H 4, 19 und H 5 mit dem „Henkerhaus“ im Juni 1970. Alle Gebäude wurden „zur Bereinigung ungesunder Nutzungsstrukturen“ und für den quadrateübergreifenden Bau des Zentralinstituts für seelische Gesundheit in den 1970er-Jahren abgerissen.

4
In den Stadtteilen

Der Friedrichsplatz 1-5, um 1910. Der 1901 erbaute, dreiteilige Komplex bildete das architektonische Gegenüber zum „Parkhotel". Von ihm steht heute nur noch das Eckhaus am Friedrichsring (links). Das ebenfalls nach dem Krieg vollständig erhaltene Mittelhaus wurde in den 1950er-Jahren abgebrochen. Der rechte Teil wurde durch Bomben am meisten getroffen.

Wohnhäuser am Friedrichsring 12-8 im März 1951. Von der Dreiergruppe im Renaissancestil blieb nur das rechte Gebäude Nr. 8 erhalten. Die noch teilweise bewohnten Gebäude und die intakten Außenfassaden Nr. 10 und 12 wurden in den 1950er-Jahren durch Neubauten ersetzt.

Das Wohnhaus Kaiserring 20, nach 1945. Die Häusergruppe Nr. 18-24 wurde 1888/89 nach Plänen des Architekten L. Schäfer mit reich verzierten Renaissancefassaden erbaut. Das gut erhaltene und bewohnte Haus Nr. 20 wurde in den 1950er-Jahren abgebrochen.

Das Wohnhaus Parkring 14-18 (rechts) während der Sprengung im Juni 1959. Die Firma Kneucker sprengte die dem Land Baden gehörenden Wohngebäude, ebenso wie viele andere Mannheimer Häuser, fachmännisch und brach sie ab.

Die Villa Röchling in der Werderstraße 52, um 1910. Die 1901/02 nach den Plänen von Rudolf Tillessen erbaute Villa ist das Paradebeispiel für wertvolle Bauwerke der Oststadt, die der Gewinnsucht von Spekulanten zum Opfer fielen. Sie wurde 1977 abgerissen. Bereits 1960 wurde die Lenel-Villa, Maximilianstraße 10, von der Firma Südzucker abgerissen. 1978 fielen zwei Jugendstilvillen dem Erweiterungsbau des Fernmeldeamtes hinter der Lanz-Villa zum Opfer.

Das Wohnhaus Mollstraße 25, um 1920. Das Doppelhaus mit reicher Jugendstilfassade aus Mühlbacher Sandstein wurde 1902/03 nach Plänen von Billing und Stober erbaut. Während das Zwillingshaus Nr. 27 erhalten ist, wurde die gut erhaltene Fassade des teilzerstörten Hauses um 1952 abgebrochen. Ein Neubau mit niedrigerer Geschosshöhe und damit einer Etage mehr war wirtschaftlicher.

Die Oststadtklinik in der Erzbergerstraße 10 beim Abbruch, Sommer 2001. In der repräsentativen, nach Plänen von Albert Speer 1905 erbauten Villa befand sich nach dem Zweiten Weltkrieg die Unfallpraxis von Dr. Warner, aus der die Oststadtklinik hervorging. Das als Kulturdenkmal eingestufte Haus musste dem Expansionsdrang der benachbarten Inter-Versicherung weichen.

Der schmiedeeiserne Balkon der Oststadtklinik vor dem Abbruch im Sommer 2001. Das Denkmalamt schrieb der Inter-Versicherung als Bauherrin vor, dass das Balkongitter „einbaufähig aufbewahrt" werden muss.

Die Käfertalerstraße 175 im Mai 1982. Der letzte Landwirt der Neckarstadt, „Ökonom" Karl Keller, baute sich 1894 als Altersruhesitz dieses Wohnhaus im Landhausstil nach den Plänen des Architekten Heinrich Hartmann. Es wurde 1983 abgebrochen, um den SÜBA-Neubauten Platz zu machen.

Die Käfertalerstraße 177 im Mai 1982. 1904 entstand an Stelle eines zu einer Ziegelhütte gehörenden Hauses das Jugendstil-Wohnhaus nach den Plänen des Architekten Joseph Huge. Zusammen mit dem Nachbarhaus Nr. 175 wurde es 1983 abgerissen.

Die Kleine Riedstraße 4 und 2, 1985. Während Haus Nr. 4 noch steht, wurde das rechte, 1895 erbaute Wohnhaus mit den Segmentbogenfenstern und dem Mansardendach mit Zwerchhäusern in den 1980er-Jahren abgebrochen.

Die Lange Rötterstraße 70, um 1900. Das 1895 von Zimmermeister Peter Straulling errichtete Wohnhaus war eines der ältesten und unversehrt erhaltenen Gebäude der Neckarstadt-Ost. Es wurde 1993 zerstört – die Heidelberger Baugesellschaft LIBA erbaute hier ein Haus mit Eigentumswohnungen.

Der Eingang zur Mittel- und zur Waldhofstraße im Oktober 1991. Der vor der Laurentiusstraße gelegene, 1998 zerstörte „Laurentiusblock" in der Bildmitte enthielt sieben historische Häuser, von ihnen standen fünf unter Denkmalschutz. Das 1895 erbaute markante Eckhaus Mittelstraße 1 mit rustizierter Fassade aus gelbem Sandstein bildete das reizvolle Entree zur westlichen Neckarstadt.

Das Wohn- und Geschäftshaus Mittelstraße 16 an Pfingsten 1928. In dem um 1900 erbauten Haus befand sich bis zur „Arisierung" während der NS-Zeit im Jahre 1937 das alteingesessene Wäschegeschäft der jüdischen Familie Herzberg. Das als „Kulturdenkmal" eingestufte Gebäude wurde 1998 zerstört.

Die Waldhofstraße 3, vor 1998. Das denkmalgeschützte, um 1892 erbaute Wohnhaus mit roter Klinkerfassade wurde 1998 zerstört.

Die Waldhofstraße 9 vor 1998. Das um 1892 entstandene schlichte Wohnhaus mit Putzfassade wurde mit der ganzen Häuserzeile 1998 der umstrittenen Verbreiterung der Waldhofstraße geopfert. Zuvor ließ die Stadt die Häuser systematisch verfallen.

Die Waldhofstraße 7, vor 1998. Die Fassade des 1897 erbauten Wohnhauses war mit gelben und roten Klinkern, Gesimsen, Fensterverzierungen und Ornamenten aus gelbem Sandstein und schmiedeeisernen Balkongittern reich ausgestattet. Das eingetragene Kulturdenkmal wurde 1998 zerstört.

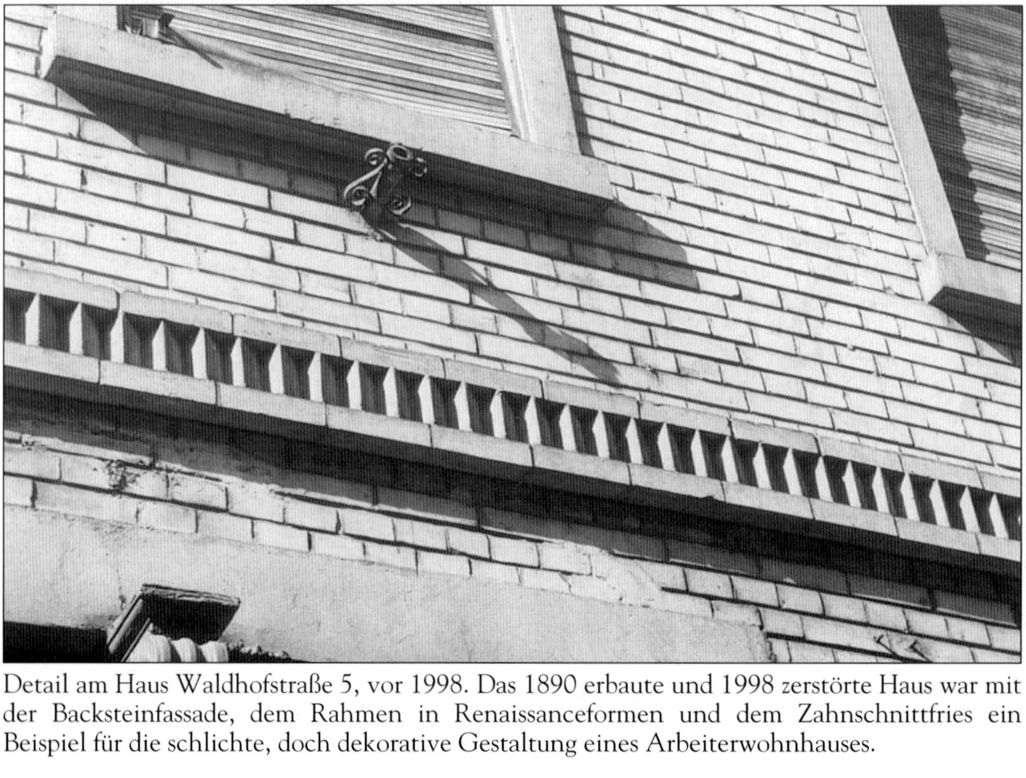

Detail am Haus Waldhofstraße 5, vor 1998. Das 1890 erbaute und 1998 zerstörte Haus war mit der Backsteinfassade, dem Rahmen in Renaissanceformen und dem Zahnschnittfries ein Beispiel für die schlichte, doch dekorative Gestaltung eines Arbeiterwohnhauses.

Die Waldhofstraße 11, vor 1998. Die Mannheimer Firma Kaiser & Hildenbrand errichtete das Haus 1907 nach Plänen des Architekten Steiner. Das Kulturdenkmal wurde 1998 gegen den entschiedenen Widerstand der Eigentümerfamilie zerstört.

Das Treppenhaus des Hauses Waldhofstraße 11, vor 1998. Bis zum Abriss 1998 wurden alle Details liebevoll gepflegt.

Der Balkon der Waldhofstraße 11, vor 1998. Das Haus, bis zuletzt in Privatbesitz, besaß einen besonderen Charme.

Die Waldhofstraße 13 im August 1984. Das denkmalgeschützte Haus fiel bereits in den 1980er-Jahren der Abrissbirne zum Opfer. Es war damit das erste Kulturdenkmal des Laurentiusblocks, das zerstört wurde.

5

In den Vororten

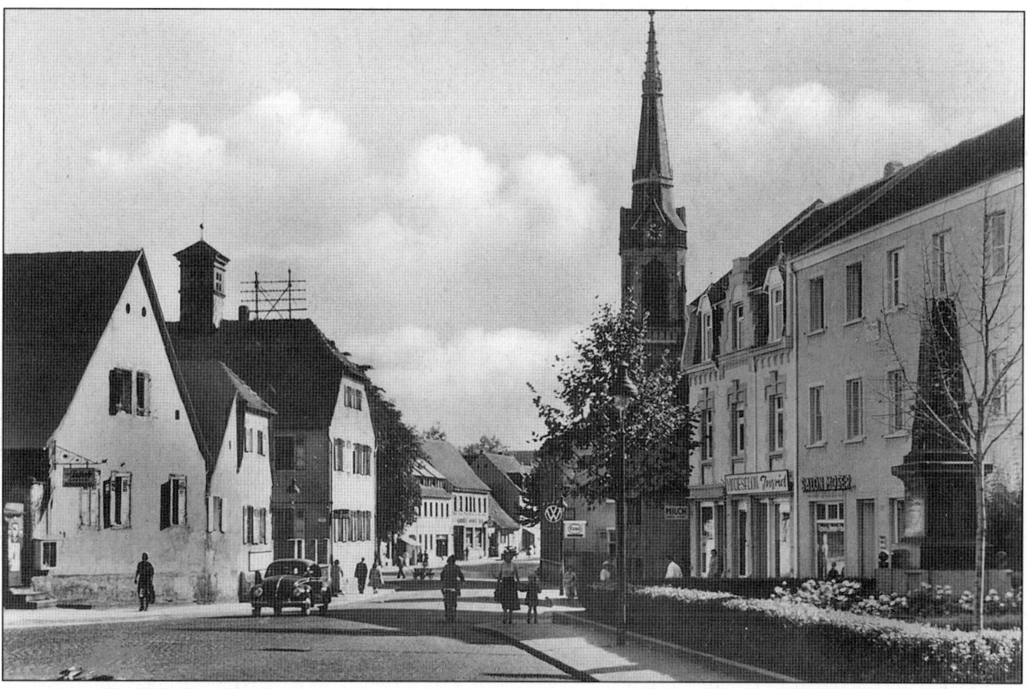

Die Hauptstraße in Feudenheim, um 1960. Die beiden Giebelhäuser links verschwanden 1974. Das Haus Nr. 54 ganz links stammte von 1804, rechts daneben war das 1816 erbaute „Kaschorle" mit der Arrestzelle für das im benachbarten Rathaus untergebrachte Ortsgericht. Heute steht neben dem Rathaus ein klotziges Gebäude der Telekom.

Das ehemalige Gasthaus „Zu den Drei Königen“ (Bildmitte) in Feudenheim, an der Ecke Hauptstraße 62 und Talstraße 2, um 1960. Das Barockhaus war durch seine Lage weithin sichtbar. Es wurde 1962 abgebrochen, an seiner Stelle entstand 1992 die heutige Polizeiwache.

Das Giebelhaus in der Hauptstraße 79 in Feudenheim, in den 1950er-Jahren. Giebelhäuser wie dieses bestimmten einst das Bild des Ortes. Viele von ihnen verschwanden, um wirtschaftlich besser nutzbaren Neubauten Platz zu machen. Das 1784 erbaute Haus, zuletzt KFZ-Werkstatt Eberts, machte Mitte der 1960er-Jahre einem Neubau der Deutschen Bank Platz.

Das katholisches Pfarrhaus von Feudenheim in der Hauptstraße 62, um 1920. Das 1792 nach Plänen von Rabaliatti erbaute Pfarrhaus wurde 1961/62 abgebrochen und durch einen Neubau ersetzt.

Das alte katholische Pfarrhaus in der Rheingoldstraße 3a in Neckarau, vor 1972. Das 1782/83 erbaute Barockhaus musste 1972 einem Parkplatz weichen.

Das Wohnhaus Rheingoldstraße 20 in Neckarau, in den 1970er-Jahren. Das 1820 vom Kutscher Jakob Zeilfelder erbaute Fachwerkhaus musste 1975 dem Einkaufszentrum Alueda weichen.

Die Rheingoldstraße 26-28 in Neckarau, um 1980. Beim Umbau des früheren evangelischen Altersheims Wichernhaus 1983 wurden die beiden Eckrisalite abgebrochen und durch Neubauten ohne Bezug zum Altbau in der Mitte ersetzt. Das als Kulturdenkmal eingestufte zweigeschossige Gebäude aus dem 19. Jahrhundert blieb größtenteils erhalten.

Der Neckarauer Hof in der Rheingoldstraße 47-49 in Neckarau, 1930er-Jahre. Das nach Kriegsende wieder in Volkshaus umbenannte Anwesen wurde 1966 abgerissen.

Das Relaishaus mit dem „Buckelwirt" am Karlsplatz Rheinau, vor 1960. Das 1750 von Karl Theodor zum Wechseln der Pferde angelegte Relaishaus brannte in den Napoleonischen Kriegen nieder. Das neue Gebäude beherbergte die legendäre Gastwirtschaft „Buckelwirt", die nach der Anhöhe benannt war, auf der sie lag. Es musste 1960 den Straßenschleifen des neu angelegten Karlsplatzes weichen.

Die Arbeiterkolonie der Spiegelfabrik Waldhof, Mai 1966. Die 1853 auf dem Waldhof gegründete französische Spiegelfabrik erbaute hier eine der ersten Arbeitersiedlungen in Deutschland. Anfänglich lebten hier französische Arbeiter mit eigenen Kirchen und Sozialeinrichtungen. Auch die Straßennamen waren französisch. 1979 wurde der größte Teil zerstört.

Die Arbeiterkolonie der Spiegelfabrik Waldhof, Mai 1966. Im Jahre 1979 wurden die meisten der Arbeiterhäuser und die kleineren Stallgebäude abgebrochen. Heute stehen nur noch die beiden vorderen Häuser ganz rechts im Bild – die Gaststätte „Spiegelschlössl" –, die Häuserzeile rechts vorne und das Gebäude im Bildmittelpunkt.

Die Spiegelsiedlung im Jahre 1953. Die meisten Häuser dieses unvergleichlichen Denkmals einer frühen Arbeiterkolonie in Deutschland sind unwiederbringlich verloren. Sie wurden 1979 samt der dazugehörigen Stallgebäuden abgerissen.

Die Spiegelsiedlung im Jahre 1953. Nach dem Abbruch 1979 blieb nur noch eine Zeile der Werkssiedlung der Glasmanufaktur St. Gobain, Chauny und Cirey bei Paris, heute VEGLA, erhalten. Sie ist in einem sehr schlechtem Zustand.

Der Stadtteil Luzenberg in den 1950er-Jahren. Der östliche Teil des Luzenbergs (rechts) fiel der Verkehrsplanung der 1960er- und 1970er-Jahre zum Opfer. Ganze Straßenzüge mit Häusern aus der Gründerzeit mussten dem Ausbau und der vielspurigen Verbreiterung der Luzenbergstraße weichen. Im Hintergrund erkennt man die noch erhaltene Spiegelsiedlung.

Der Stadtteil Luzenberg, 1966. Seit 1979 fehlen die Arbeiterhäuser der Spiegelkolonie im Vordergrund, seit 1993 die Hildebrandmühle im Industriehafen (Bildhintergrund) und seit ca. 1970 der sich links an das Bild anschließende östliche Teil des Luzenbergs.

Die Luzenbergstraße, um 1975. Der Verbreiterung der Luzenbergstraße und dem Bau des „Luzenbergknotens“ fiel ein großer Teil des Stadtteils Luzenberg zum Opfer. Links vorne der bereits zerstörte Häuserblock gegenüber der Luzenbergschule, dahinter der bereits teilweise, später völlig abgebrochene Block zwischen Eisen- und Glasstraße.

Das Gast- und Wohnhaus „Luzienburg“ in Luzenberg, 1947. Über den Standort der „Luzienburg“ und des ganzen Häuserblocks führt heute die verbreiterte B 44. Die Gebäude aus der Zeit vor dem Ersten Weltkrieg wurden um 1970 abgerissen.

Die Arbeitersiedlung in der Zellstoffstraße im August 1984. Die Zellstofffabrik, heute SCA Hygiene Products GmbH, verlegte 1884 ihren Sitz von Stuttgart nach Mannheim. Im selben Jahr begann sie mit der Errichtung ihrer Arbeitersiedlung beiderseits der 800 Meter langen Zellstoffstraße. 1984 wurde die gesamte südliche Straßenseite mit den geraden Hausnummern zerstört.

Die Zellstoffstraße 44 im August 1984 kurz vor dem Abbruch. Die Häuser im so genannten Mühlhauser Kreuzhaustypus waren in je vier Wohnungen mit eigenem Zugang eingeteilt. Große Gärten mit ebenfalls viergeteilten Ökonomiegebäuden dienten der Selbstversorgung. Heute sind hier Parkplätze. Die acht Wohngebäude der nördlichen Straßenseite blieben bis jetzt erhalten.

Die Zellstoffstraße 8 im August 1984. Dieses Kreuzhaus war nachträglich durch eine Erweiterung der Dachzone zu einem Mansardendach vergrößert worden. Nach dem Abbruch aller Häuser mit geraden Hausnummern 1984 entstand hier ein Parkplatz.

Die Zellstoffstraße 46 im August 1984. Auch dieses Gebäude mit seiner roten Klinkerfassade am Ende der Zellstoffsiedlung verschwand 1984. Das Gelände wurde an die Firma Boehringer verkauft, die einen Parkplatzes anlegte. Die Gebäude Nr. 8-44, also 19 Wohnhäuser, standen unter Denkmalschutz.

Die Villa Böcklinstraße 38 im Winter 2000/01. Das 1926 bis 1927 erbaute, gut erhaltene Wohnhaus mit barockisierenden Rechteckfenstern besaß neun Zimmer. Nach seinem Verkauf wurde es im Jahre 2001 abgebrochen, um einem Neubau Platz zu machen.

Die Villa Paul-Martin-Ufer 5 im Sommer 1996. Das hübsche Einfamilienhaus an der Riedbahnbrücke in Neuostheim aus der Zeit um 1960 endete im Jahre 2000 unter dem Abrissbagger.

6
Öffentliche Gebäude

Straßenbahndepot in der Collinistraße, Juli 1953. Die 1900/01 nach den Plänen von Richard Perrey erstellte Anlage entstand auf dem Gelände des alten Schlachthofs, das durch dessen Verlegung an den Rand der Schwetzingerstadt frei geworden war. 1961 wurde der Turm abgebrochen. Die ganze Anlage wurde 1972 abgerissen, um Platz für die Baumassen des Collinicenters zu schaffen.

Das Planetarium, um 1948. Der tempelartige Kuppelbau war einst ein Schmuckstück des Unteren Luisenparks. Es wurde 1943 leicht beschädigt. 1952 folgte der Stadtrat dem Antrag von OB Heimerich und ließ es 1953 zerstören. Das wertvolle Projektionsgerät wurde eingelagert, der Platz zu einer Liegewiese umgestaltet. Heute ist der Planetariumshügel ein verwahrloster Ort.

Das Planetarium während der Sprengung im April 1953. Der junge Hans Wegerle fotografierte vom Fenster der elterlichen Wohnung in der Renzstraße 1 aus durch ein Fernrohr hindurch die Sprengung der Eisenbetonkuppel, die für einen manuellen Abriss zu massiv war.

Das Alte Rathaus in F 1 an der Breiten Straße, Oktober 1948. Am Alten Rathaus entstand von 1867 bis 1968 ein Erweiterungsbau, dessen Fassade der Barockansicht am Marktplatz nachgebildet war. Die Bildhauerarbeiten stammten von dem bekannten Karlsruher Künstler Friedrich Moest. Beim Wiederaufbau des Alten Rathauses riss man den Anbau von 1868 ab. Im Hintergrund die erhaltene Jugenstilfassade des Kaufhauses Wronker, die 1953 abgerissen wurde.

Die Leichenhalle auf dem Hauptfriedhof, 1903. Die neugotische, 1900 bis 1903 erbaute Leichenhalle überstand beide Weltkriege unbeschadet. In der Wirtschaftswunderzeit erschien sie nicht mehr ausreichend, eine Modernisierung des Altbaus nicht rentabel. Ein Neubau schien die einzige Lösung zu sein.

Der Abriss der Leichenhalle im Sommer 1964. Die Presse schrieb: „Mit roher Baggergewalt rückt die Gemeinnützige Gesellschaft für Trümmerbeseitigung und -verwertung dem alten Gemäuer zu Leibe und schlägt alles kurz und klein. Aus finanziellen Erwägungen verzichtete man darauf, die bleigefaßten Buntglasfenster und die handgeschmiedeten Türbeschläge einzeln zu bergen. Da sich auch keine Liebhaber für diese Stücke fanden – wer wußte schon davon? – sanken sie in Schutt."

Stallgebäude des alten Schlachthofs an der Gottlieb-Daimler-Straße während des Abbruchs 1983. Trotz des Widerspruchs des Landesdenkmalamtes, das die Gebäude aus künstlerischen und heimatgeschichtlichen Gründen erhalten und umnutzen wollte, ließ sie die Stadt abreißen. Die Anlage wurde von 1897 bis 1900 nach den Plänen von Stadtbaurat Uhlmann und den Architekten Söhner und Pippart errichtet und 1983 geschlossen.

Das Toilettenhäuschen Alter Messplatz, um 1910. Architekt Richard Perrey beschrieb das für weitere Anlagen beispielhafte, 1906 erbaute Häuschen selbst: „Die Anstalt enthält zwei Sitze für Männer und drei Sitze für Frauen, einen Raum für die Wartefrau und ein öffentliches Pissoir." Das malerische Gebäude wurde 1975 durch einen reizlosen Neubau ersetzt.

Die Lindenhof-Überführung, 1973. Die architektonische Anlage entstand 1897 als Eingang zum Schlossgarten. Das Portal wurde nach dem Krieg zugemauert, 1973 schüttete man bei Straßenarbeiten die seitlich geschwungenen Treppen zur Lindenhof-Überführung zu.

Die Lindenhof-Überführung vor der Anböschung 1973. Die gusseisernen Vasen fanden Verwendung an der Haupttreppe des Friedrichsplatzes.

Die Lindenhof-Überführung bei der Anböschung, 1973. Das Stadtwappen wurde beim Neubau der Oststadtschule verwendet. Zwei Sandsteinvasen wurden auf der Balustrade des Schlossmittelbaus aufgestellt.

Die Friedrich-Ebert-Brücke in den 1950er-Jahren. Die 1926 erbaute Brücke wurde von den Nazis gesprengt, doch 1946 wieder eingeweiht. Beim vierspurigen Ausbau 1963 entfernte man die vier dekorativen Lampenpylonen, obwohl sie nicht im Weg waren.

Das Postamt II an Bahnhofsplatz, um 1950. Das 1910 bis 1912 errichtete Postgebäude erhielt nach Kriegsschäden eine veränderte Dachform. Der monumentale, die Ostseite des Bahnhofsplatzes beherrschende Bau wurde 1982 abgebrochen.

Das Portal am Neubau des Paketpostamts am Bahnhofsplatz, 1983. Die Steine des alten Hauptportals und eines Portals an der Heinrich-Lanz-Straße blieben erhalten und wurden der Fassade des Neubaus vorgeblendet.

Der OEG-Bahnhof am Kurpfalzkreisel, Anfang der 1970er-Jahre. Das 1927 bis 1928 errichtete Bahnhofsgebäude, ein roter Klinkerbau, besaß einen Umlauf mit dorischen Säulenstellungen, der Mitte der 1970er-Jahre einer Straßenverbreiterung im Weg stand. Seit der Entfernung der vorderen Säulenreihe ist der Gesamteindruck beeinträchtigt, sind die harmonischen Proportion zerstört.

Der Weinheimer Bahnhof der OEG am Alten Messplatz, 1950er-Jahre. Die Linie Mannheim–Weinheim eröffnete 1887 als Dampfstraßenbahn. Das ursprüngliche Bahnhofsgebäude der Oberrheinischen Eisenbahngesellschaft (OEG) wurde 1940 durch einen Neubau mit offener Vorhalle und Uhrturm ersetzt. Bei der Bebauung des Neckarufers in den 1970er-Jahren gab man den Bahnhof auf, er wurde am 30. September 1973 stillgelegt und kurz danach abgerissen.

Das Hauptpostamt in O 2, um 1945. Das ehemalige Kaiserliche Postamt entstand 1880/82 nach Plänen des Architekten Bauer als repräsentatives Gebäude in Renaissanceformen. Ein zweiter Bauabschnitt erweiterte 1900/03 das bestehende Postgebäude bis zum Paradeplatz. Die massive Fassade des Gebäudes wurde in den 1950er-Jahren abgerissen und 1957 ein das ganze Quadrat einnehmender Neubau in Betrieb genommen.

Das Verwaltungsgebäude des Rangierbahnhofs mit Dienstwohnungen in der Morchfeldstraße 105, 1977. Der Rangierbahnhof in Neckarau wurde 1907 in Betrieb genommen. Da die neue Schnellbahntrasse Mannheim–Stuttgart über das Grundstück des Dienstgebäudes hinweg verlaufen sollte, wurde das Haus um1980 abgerissen.

Der Rheinauer Bahnhof, um 1970. Der 1892 erbaute Bahnhof wurde in den 1970er-Jahren abgerissen.

Die Signalmeisterei Käfertal, 1995. Das Häuschen mit technischer Funktion im Besitz der Bahn wurde 1997 abgerissen.

Der Mauthäuser Parkring 9 und 11, geschmückt anlässlich der Landung des Großherzogpaares am 12. Oktober 1906. Die beiden in der Mitte des 19. Jahrhunderts erbauten „Mauthäuser" mit Rundbogen und abgeschrägten Ecken flankierten einst den Zugang zur Schiffsbrücke über den Rhein, bevor 1868 die feste Brücke entstand. Hier war das Brückengeld zu entrichten.

Das Mauthaus am Parkring 11, kurz vor dem Abbruch. 1956 wurde das rechte Mauthaus abgerissen, ein Jahr später das linke, das auf dem Bild noch zu sehen ist. Heute verläuft hier der Parkring auf Höhe des Hochhauses „Rheinlust" mit dem Mercedesstern.

Der Mannheimer Turnverein in der Stresemannstraße / Ecke Rathenaustraße, 1965. Die 1901 bis 1903 nach den Plänen von August Langheinrich im „Alt-Nürnberger“ Stil erbaute und trotz Kriegsschäden weitgehend erhaltene „Turnerburg“ wurde 1973 durch einen kastenförmigen Neubau am Haupteingang in ihrem Erscheinungsbild beeinträchtigt und entstellt.

Das Damenheim Sankta Clara in B 5, 19, 1981. Das nach dem Zweiten Weltkrieg erbaute Wohnheim musste Ende der 1990er-Jahre dem Neubau des im Jahre 2000 eröffneten ökumenischen Bildungszentrums „sanctclara“ weichen.

Das Heinrich-Lanz-Krankenhaus in der Meerfeldstraße in Lindenhof, April 1996. Die 1906/07 von der Mannheimer Firma F. & A. Ludwig erbaute Klinik war das Wahrzeichen des im Krieg schwer zerstörten Stadtteils Lindenhof. Die Gebäude wurden im August 1998 zerstört.

Die Rückfront des Hauptgebäudes des Heinrich-Lanz-Krankenhauses, vor 1998. Beim Abbruch des Krankenhauses wurde weder auf Altbauten noch auf den Baumbestand der Umgebung Rücksicht genommen. Die Klinik und die alten Bäume, darunter eine unter Naturschutz stehende, prächtige Blutbuche, fielen trotz des erbitterten Widerstandes der Denkmal- und Naturschützer im Jahre 1998.

Die Hofseite des Heinrich-Lanz-Krankenhauses, 1980er-Jahre. Die Anstrengungen der Stadtverwaltung, einen Investor für eine denkmalgerechte Sanierung zu finden, scheiterten. Die Gebäude fielen an eine Firma, die den Platz ohne Rücksicht auf Gewachsenes „wirtschaftlich optimal“ nutzte und alles abbrach.

Die Rückseite der Kapelle des Heinrich-Lanz-Krankenhauses. Durch die Bürger-Interessen-Gemeinschaft Lindenhof (BIG) konnte die Kapelle gerettet und in der Nähe wieder aufgebaut werden (siehe S. 124).

Das Kulturzentrum „Kubus" der Stadt Mannheim in L 7, 12, um 1980. Das aus den 1920er-Jahren stammende Wohngebäude wurde am 3. April 1974 als Kulturzentrum „Kubus" eingeweiht. Auch das Mannheimer Denkmalamt war in dem stilvollen Haus mit der klassizistischen Fassade untergebracht. Nicht ohne Ironie war der Umstand, dass es 1995 abgerissen wurde.

Das Kulturzentrum „Kubus", um 1980. Bei der Einweihung des Zentrums hieß es: „... macht der KUBUS (...) deutlich, dass alte Bausubstanz in einer Stadt nicht immer nur dem Abriss zu verfallen braucht, sondern mit relativ geringen Mitteln für kulturelle Zwecke neu hergerichtet werden kann." Hier waren Künstlerwerkstätten, Ateliers, Veranstaltungs- und Ausstellungsräume, das Kulturamt, das „Cinema Quadrat" und das Denkmalamt untergebracht, bis das Gebäude 1995 abgerissen wurde.

7
Waren- und Bürohäuser

Das Modehaus Neugebauer in O 3, 6-7 im September 1950. Das in den Jahren 1914 bis 1917 als Kaufhaus Hirschland nach Plänen von Albert Speer erbaute Warenhaus beherbergt heute Peek & Cloppenburg. Fassade und Innenstruktur wurden durch Umbauten der 1950er- bis 1990er-Jahre entstellt.

E 1, 5-10 im Januar 1946. Das 1904/05 erbaute Warenhaus Wronker, seit 1934 Hansa, war 1945 keineswegs völlig zerstört. 1948 erstellte das städtische Hochbauamt einen Plan, bei dem die originale Fassade erhalten blieb. Trotz der Instandsetzung des Gebäudes und der Wiederaufnahme des Geschäftsbetriebs musste das Kaufhaus samt seiner intakten Jugendstilfassade 1953 einem Neubau weichen.

P 1 am Paradeplatz, 1947/48. Das 1904 in P 1 gegründete Warenhaus Schmoller wurde 1911 durch den rechten Trakt erweitert, von dem nach Kriegsende noch alle vier Stockwerke erhalten waren. Die beiden unteren waren wieder als Kaufhaus in Benutzung. Trotzdem wurde 1953 das ganze Quadrat abgerissen.

Das Kaufhaus Braun in K 1, 1-3, um 1950. Als Kaufhaus Rothschild entstand das Warenhaus 1901. Im Jahre 1928 wurde es erweitert, 1936 mussten es seine jüdischen Besitzer an Wilhelm Braun abgeben. Nach Kriegsende nahm das Kaufhaus den Betrieb im teilzerstörten Gebäude wieder auf. 1956 übernahm die Karstadt AG die Firma mit 350 Angestellten, riss das alte Gebäude ab und eröffnete 1958 seinen sechsstöckigen Neubau.

Die Bürogebäude M 5, 4-5 am 15. Oktober 1984. Die aus dem frühen 20. Jahrhundert stammenden Gebäude der Großhandels- und Lagerei-Berufsgenossenschaft wurden 1984 abgerissen.

Das Kaufhaus Vetter in N 7, 3, Oktober 1953. Das Turmhaus, das 1927/09 für die Samt und Seide GmbH und die Terra AG nach Plänen von Fritz Nathan entstand, war das größte und beeindruckendste Geschäftshaus aus der Zeit der Weimarer Republik. Das Gebäude, seit 1936 Kaufhaus Vetter, musste 1967 dem Neubau des Horten-Konzerns weichen.

N 6 und N 7, Mai 1959. Gemeinsam mit dem Kaufhaus Vetter musste auch dessen Nachbarhaus, N 7, 2b, ein Wohnhaus aus der Zeit um 1900, für Horten Platz machen.

Das Bürogebäude der Mannheimer Versicherung am Werderplatz 3-4, Dezember 1977. Das 1901 nach Plänen von Josef Köchler erbaute Versicherungsgebäude im Neorenaissancestil ging 1985 aus dem Besitz der Stadt an die Süba über, die es 1988 abriss. Nur die Eingangszone blieb erhalten und wurde in den Neubau integriert.

Bankgebäude in P 2 Planken im März 1949. Das 1884 für die Mannheimer Versicherung erbaute Bürogebäude hatte der Schweizer Architekt Friedrich Bluntschli in den Formen eines italienischen Renaissancepalasts entworfen. Nach den Kriegszerstörungen wurden die oberen Stockwerke verändert wieder aufgebaut.

Bankgebäude in P 2 Planken beim Abbruch am 5. November 1970. Obwohl der größte Teil des Bluntschli-Baues noch erhalten war, wurde die Renaissance-Architektur für den Neubau der Dresdner Bank zerstört.

A 1, 2-3, um 1950. Das von Friedrich Engelhorn erbaute Stadtpalais hatte den Zweiten Weltkrieg fast unbeschadet überstanden. Das ursprüngliche Bauwerk, erbaut 1873 bis 1875, wurde 1881 nach Plänen von W. Manchot zur linken Seite hin erweitert. Bekannt war der Festsaal, der im „maurischen Stil“ reich ausgestattet war. Seit 1913 residierte hier die Sparkasse. 1961 musste der Neurenaissance-Palast dem Landgericht Platz machen.

Schlusssteine der Fassade des Palais Engelhorn, Februar 1974. Die Fenster des Erdgeschosses waren zum Teil mit den Köpfen der Kaiser Wilhelm II. und Friedrich III., des badischen Großherzogs Karl Friedrich, des preußischen Generals Moltke u.a. geschmückt.

A 1, 2-3, das Haupttreppenhaus mit Vestibül, um 1951. Die Presse bedauerte 1961 unter der Überschrift „Tabula rasa auf dem Quadrat A 1" keineswegs die Zerstörung der kunstvollen Architektur, denn, so urteilte man, „der Weg über die kalte Marmorpracht der Haupttreppe in die starrende Düsternis des maurischen Saales berührte immer ein wenig seltsam und unwahrscheinlich."

8
Industriegebäude

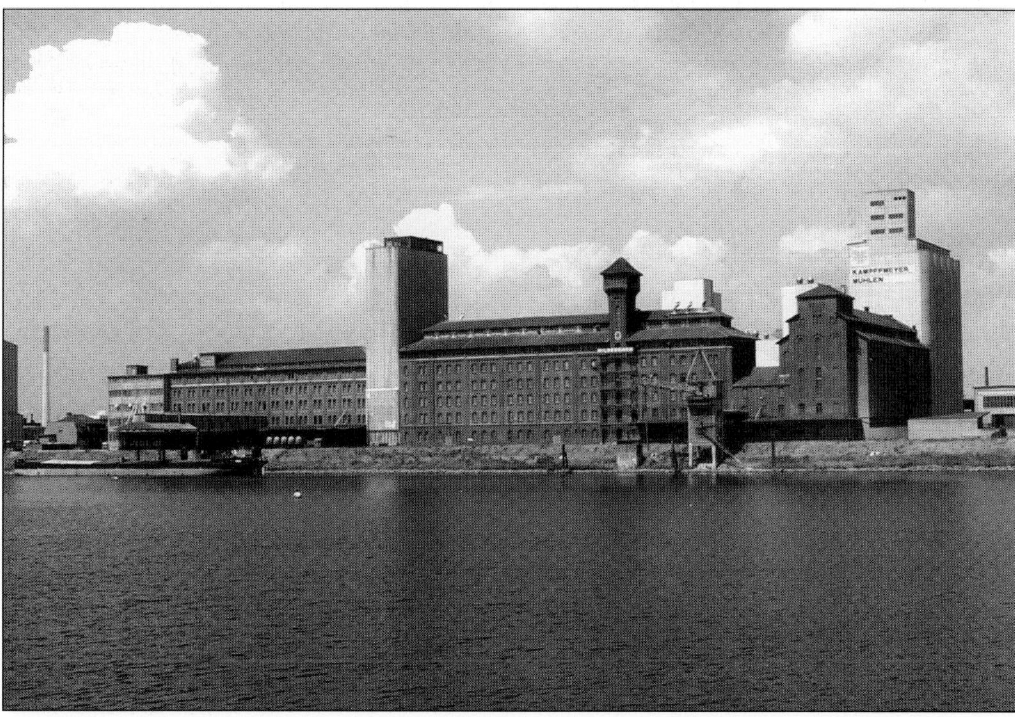

Die Hildebrandmühle im Juni 1992. Der 1906/07 erstellte Mühlenbau im Industriehafen galt als einer „der eindrucksvollsten Bauten dieser Gattung in Baden-Württemberg“. 1985 führte die Mühle den Namen Kampfmeyer Mühlen GmbH Werk Hildebrandmühlen. Mit ihr verschwand 1993 eines der ältesten Mühlengebäude aus dem Stadtbild. Die einfachste Lösung war der Abriss.

Die Mühlenwerke Werner & Nicola in der Lagerstraße 4 am Tag der Sprengung, dem 30. Juni 1979. Den als Werner & Nicola, Germania-Mühlenwerke im Jahr 1902 erbauten Mühlenkomplex machte die Abbruchfirma Kneucker dem Erdboden gleich.

Die Mühlenwerke Werner & Nicola im Augenblick der Sprengung. Der Wasserturm der Mühle fiel als erster Teil der Anlage.

Die Kaufmannmühle im Jungbusch, Hafenstraße 27-29, am 27. Januar 1983. Die trotz eines Brandes noch soliden Fassaden der zweigeschossigen Lagerhallen aus der Zeit zwischen 1881 und 1896 wurden 1983 abgebrochen.

Der Wasser- und Uhrturm mit dem Fabrikgebäude der Steinzeugfabrik Friedrichsfeld bei der Sprengung am 10. Mai 1984. Große Teile der 1890 bis 1911 geschaffenen Bausubstanz wurden 1984/85 beseitigt, u.a. die Schornsteine, das Ofengebäude und der Uhr- und Wasserturm. Andere Teile dagegen wurden saniert, so das alte Verwaltungsgebäude von 1899, das Pfortengebäude und das Casino.

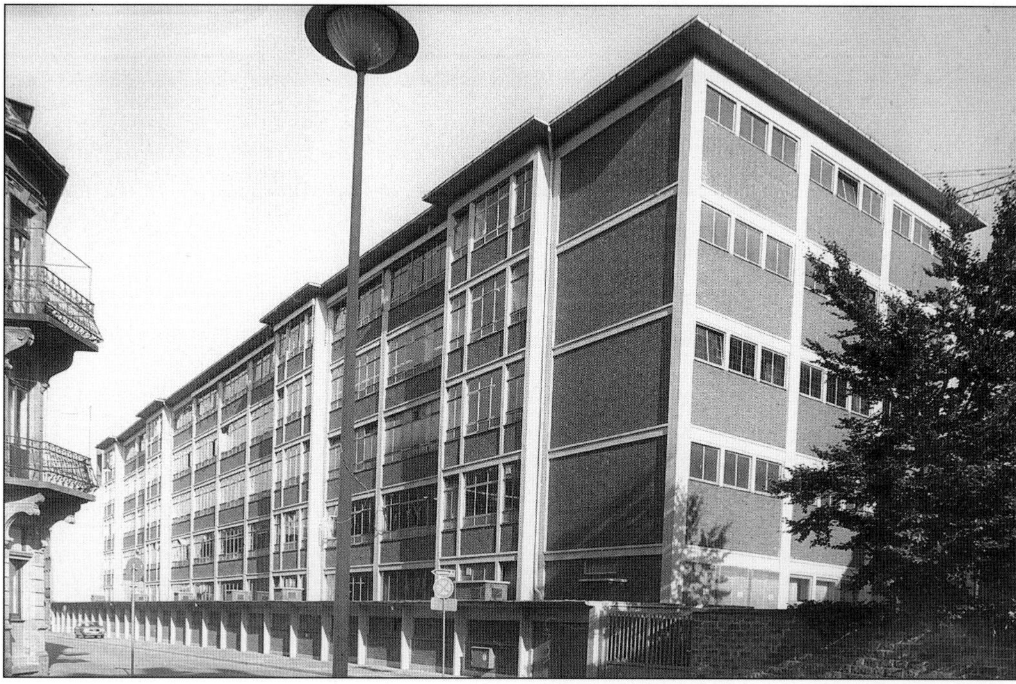

Die „Zählerwerkstatt“ der Stadtwerke in der Holzstraße 4-14 am 20. Oktober 1982, kurz vor dem Abbruch. Das kurz nach dem Zweiten Weltkrieg erbaute Werkstattgebäude musste dem in den 1980er-Jahren erbauten Büro- und Werkstättenkomplex der MVV Platz machen.

Das Firmengebäude der Schiffs- und Maschinenbau-AG „Schimag“ in der Werftstraße 22 im April 1982. Die Schimag wurde 1963 von der Halberg Maschinenbau und Gießerei GmbH übernommen, die das Gelände um 1970 aufgab. Die Gebäude verschwanden vermutlich in den 1980er-Jahren.

Der Rheinauer Wasserturm Ecke Stengelhof-, Karlsruher- und Neuhofer Straße, vor 1976. Die Post kaufte im Jahre 1973 den um 1898 erbauten Wasserturm, um dort Parkplätze zu erstellen. Im Oktober 1976 wurde der Turm gesprengt.

Die Zündholz-Fabrik an der Schwetzinger Landstraße 49-61 in Rheinau, 1950er-Jahre. Die 1900 gegründete Fabrik produzierte die berühmten „Zündis"-Streichhölzer, die jahrzehntelang zu jedem Haushalt gehörten. Sie wurde um 1985 abgerissen.

Die Eichbaum-Brauerei in der Käfertaler Straße 170 im Mai 1978. Das um 1900 errichtete Verwaltungsgebäude der Brauerei Durlacher Hof wurde 1972 von Eichbaum übernommen und 1979 für einen Neubau abgerissen. Das Technikergebäude im Hintergrund wurde im Jahre 2000 abgebrochen. Die aus dem 19. Jahrhundert erhaltenen Altbauten, die Mälzerei von 1890 und das alte Sudhaus, sind seit vielen Jahren hinter Metallverschalungen verschwunden.

Die Habereckl-Brauerei in Q 4 am 7. Juni 1984. Der 1936 erbaute Turm der Brauerei wurde 1984 abgerissen.

Ein Gebäude der Kali-Chemie in Wohlgelegen vor dem Abriss, Juni 1967. Auf dem Groheschen Hof entstand 1823 eine chemische Fabrik, die 1865 als Verein chemischer Fabriken Mannheim die Niederlassung der BASF in Mannheim verhinderte. Hier entstand Ende der 1960er-Jahre das Gewerbegebiet Wohlgelegen auf einer Größe von etwa 45 Hektar. Keines der alten Gebäude blieb erhalten.

Gebäude der Kali-Chemie vor dem Abriss im Juni 1967. Auf dem Gelände Käfertalerstraße 246-264 entstand ab 1904 eine Arbeiterkolonie mit Kantine, Badehaus, Schlaf- und Wartesälen. An der Straßenseite wurden Beamtenwohnungen mit Gärten errichtet; das Verwaltungsgebäude eröffnete 1904. Etwa dort, wo heute der „Mannheimer Morgen" ist, war die Erhaltung eines besonders schönen Altbaus als Erinnerung an die Kali-Chemie vorgesehen, unterblieb jedoch.

Das Strebelwerk auf der Friesenheimer Insel im Juni 1984. Ein Zweigwerk der Kesselbaufirma R.O.M. aus Hamburg ließ sich 1900 in Mannheim nieder. 1907 wurde es unter dem Namen Strebel eine eigenständige GmbH. In der Neckarstadt befand sich die Gießerei, das Stammwerk stand auf der Friesenheimer Insel.

Das Strebelwerk im Juni 1984. Die aus den 1950er-Jahren stammende Halle diente zum Versand von Kesselbauteilen und Heizkörpern. Mitte der 1970er-Jahre wurde die Firma aufgelöst und die Gebäude in den 1980er- und 1990er-Jahren nacheinander abgebrochen.

Wasserturm und Verwaltungsgebäude der „Rheinischen Gummi“ in Neckarau, um 1990. Der 1905 nach den Plänen von Leopold Stober erbaute Wasserturm blieb nach dem Abbruch der industriegeschichtlich bedeutsamen Fabrik ab 1990 übrig. Er ist heute das Wahrzeichen des ab 1993 errichteten Hightechparks Schildkrötstraße.

Die Rheinische Gummi- und Celluloid-Fabrik im Morchfeld in Neckarau, um 1990. Die 1873 gegründete Firma war mit ihren „Schildkröt-Puppen" eine der erfolgreichsten und bekanntesten Firmen Mannheims. 1971 an die Firma Braas verkauft, ging das Gelände 1988 an die Stadt Mannheim über, die mit Ausnahme des Wasserturms die Fabrikgebäude abreißen ließ.

Die Fabrikgebäude der „Rheinischen Gummi" Neckarau kurz vor dem Abbruch, um 1992.

Ein Treppenaufgang im Direktionsgebäude der „Rheinischen Gummi" Neckarau kurz vor dem Abbruch. Das kunstvolle, schmiedeeiserne Geländer sollte nach den Auflagen des Landesdenkmalamts einbaufähig gelagert werden. Die kunstvoll geschmiedeten Anfangsstücke sind bereits demontiert.

Eine Treppe des Direktionsgebäudes der „Rheinischen Gummi" kurz vor dem Abbruch. Das Treppengeländer ist zurzeit im Außendepot der Reiss-Engelhorn-Museen gelagert.

Ein Wohn- und Fabrikgebäude der „Rheinischen Gummi", 1984. Es wurde um 1990 abgebrochen.

Fabrikgebäude der „Rheinischen Gummi" vor dem Abbruch, um 1992.

Das Werkskasino der Firma Bopp & Reuther in der Carl-Reuther-Straße 14 in Waldhof, um 1907. Das Wirtschaftsgebäude wurde 1906 eingeweiht. Obwohl das baulich später veränderte Jugendstilgebäude unter Denkmalschutz stand, wurde es 1999 abgebrochen. Die Firma konnte nachweisen, dass seine Erhaltung wirtschaftlich unzumutbar ist.

Der Rhespag-Speicher in der Rheinkaistraße beim Abbruch im Dezember 1967. Den 1897 erbaute Lagerspeicher der Rheinischen Speditions-Agentur riss die Firma Kneucker ab, um Platz für die Fundamente der neuen Rheinbrücke zu schaffen.

9
Gefährdet!

Die Kaufmannmühle im Jungbusch, Hafenstraße 27-29, im Januar 1983. Es ist geplant, das nach dem Abriss der zweigeschossigen Lagerhallen 1983 erhaltene große Mühlengebäude und die Verwaltungsgebäude in der Böckstraße unter Schonung der Altbausubstanz zu sanieren und unter dem Motto „Wohnen und Arbeiten am Verbindungskanal" neu zu nutzen. Das aufwändige Projekt wartet auf seine Realisierung.

J 4, 2a-6 im Juni 1970. Die Häuserzeile wurde wie die umliegenden Quadrate in den 1970er-Jahren abgerissen. Wohl aus Versehen blieb das Eckhaus J 4, 2a übrig, amtlich war bereits als abgebrochen vermerkt. Seinen für 1999 geplanten Abbruch konnte eine Initiative des Vereins Stadtbild e.V. zunächst verhindern.

J 4, 2a im Winter 1999/2000. Das letzte historische Gebäude auf dem Gelände des ZI soll nach dem Willen der Stadt und des ZI erhalten bleiben. Die Finanzierung zur Erhaltung der Fassaden beim Neubau einer Suchtklinik ist jedoch noch nicht gesichert.

Die Kinderklinik I im Klinikum, Februar 2002. Als Säuglingskrankenhaus wurde der Bau im Park des neuen Städtischen Krankenhauses im Juli 1922 eingeweiht. Im Bild sind bereits links die Gebäude der neuen Kinderklinik sichtbar, der Altbau soll Platz für eine Zufahrtsstraße machen.

Die Kinderklinik I im Klinikum, März 2002. Architekt Richard Perrey versah die Fassade mit einem monumentalen Portal, das die Zwillinge Romulus und Remus an der säugenden Kapitolinischen Wölfin darstellt. Das Portal soll nach den Planungen das Einzige sein, was nach dem Abbruch erhalten bleibt.

Die Hautklinik im Klinikum, Februar 2002. Die dermatologische Abteilung des Städtischen Krankenhauses bezog 1924 das Gebäude im nördlichen Teil des Krankenhausparks am Neckar. Im Zuge der Gebäudeumstrukturierung wird die alte Hautklinik in naher Zukunft leer stehen, eine Nutzung als Medizinmuseum ist angedacht, jedoch keineswegs gesichert.

Das Offizierskasino der ehemaligen Kaiser-Wilhelm-Kaserne an der Friedrich-Ebert-Straße, 1901. Das Eckgebäude des alten Offizierskasinos ist der städtebaulich markante Bau der 1899 bis 1901 erbauten Kasernenanlage. Die Anlage ist heute die einzige unter Denkmalschutz stehende Kaserne in Mannheim. Die amerikanischen Streitkräfte, die sie als Turley-Barracks nutzten, gaben das einsturzgefährdete Gebäude kürzlich den deutschen Behörden zurück, die es auf Abbruch verkaufen wollen.

Die ehemalige Lokomotivremise am Hans-Glückstein-Platz in Lindenhof, um 1990. Der aus der Zeit um 1880 stammende, unter Denkmalschutz stehende Lokschuppen soll von der Bahn aufgegeben werden und ist durch die Planungen „Mannheim 21" gefährdet. Der Abbruch der großen Wagenhalle, der Dienstgebäude und der Eisenbahnerwohnungen in der Nähe ist geplant.

Die ehemalige Lokomotivremise, um 1990. Der Denkmalschutz für das Werkstattgebäude links wurde bereits zurückgenommen. Der Verein Historische Eisenbahn Mannheim e.V. und die Bürger-Interessen-Gemeinschaft Mannheim-Lindenhof streben die Erhaltung des Industriedenkmals und eine Nutzung für historische Eisenbahnfahrzeuge an.

Die Schweyer-Villa in der Erzbergerstraße 12, März 2002. Die 1906 nach den Plänen von Rudolf Tillessen erbaute Villa ist zwar denkmalgeschützt, doch ist eine Renovierung des im Krieg beschädigten Baus nach einem Gerichtsurteil von 1998 wirtschaftlich nicht zumutbar. Die benachbarte Inter-Versicherung zeigt Interesse an dem Kulturdenkmal.

Das Eingangsgebäude am Friedhof Neckarau, um 1900. Das 1899 bis 1900 errichtete Bauwerk besteht aus einem Leichenzellentrakt, der Kapelle, dem Torgebäude und dem Wärterhaus. Bis auf das Wärterhaus stehen seit 1980 alle Gebäude leer, daher verschlechtert sich ihr Zustand zusehends. Eine „Runder Tisch" interessierter Bürger und die Stadt streben die Umgestaltung zu einer Urnenhalle an, die aber noch keineswegs gesichert ist.

Der Rest der Arbeiterkolonie Spiegelfabrik, um 1980. Alle Bemühungen, mit der Stadtverwaltung als Besitzerin, der Firma VEGLA und anderen Beteiligten eine neue Nutzung zu finden, scheiterten bisher. Nur noch zwei Häuser dieses einzigartigen Kulturdenkmals sind bewohnt, der Zerfall der Häuserzeile ist nur noch eine Frage der Zeit.

Die Arbeiterkolonie Spiegelfabrik, um 1980. Inzwischen sind die Gebäude und Gärten völlig verwahrlost, die Bausubstanz des Kulturdenkmals ist stark gefährdet.

Die Arbeitersiedlung Zellstoff, Zellstoffstraße 37, 1984. Nach dem Abbruch der rechten Seite der Zellstoffstraße – die geraden Nummern – im Jahre 1984 ist die linke Seite systematisch dem Zerfall ausgesetzt. Die Bewohner der Arbeiterhäuser vermuten bereits, dass die Gebäude bewusst verwahrlosen sollen, um sie abreißen zu können.

Die Häuserzeile J 1, 12-18 im März 2002. Viele Häuser der Altbauviertel werden systematisch durch unsachgemäße Restaurierung zerstört. Diese Häuser aus dem 18. und 19. Jahrhundert sind entstellt durch die Entfernung der Fensterläden, der Fenstersprossung, der Gesimse und Fassadenzierteile, durch stilwidrige Anbauten, Aufstockungen, „Entkernung“ und Zerstörung der Innenstruktur.

10
Gerettet!

Das Pumpwerk Neckarau, um 1990. Das 1903 von Richard Perrey erbaute neugotische Bauwerk zerfiel seit seiner Schließung 1985. Die Maschinen und Anlagen stehen ebenso wie der Baukörper unter Denkmalschutz. Der Mannheimer Maler Dietmar Brixy übernahm 2001 das Gebäude und wird es nach einer denkmalgerechten Sanierung als Wohnhaus und Atelier nutzen.

Die Kapelle des ehemaligen Lanz-Krankenhauses Ecke Meerfeld- und Emil-Heckel-Straße, Februar 2002. Die Bürger-Interessen-Gemeinschaft Lindenhof (BIG) trug 1998 die Architekturteile der historischen Kapelle mühevoll ab. 170 Tonnen Material konnten auf dem Firmengelände John Deere gelagert und im Jahre 2001 beim Wiederaufbau an versetzter Stelle im Lanz-Park verwendet werden.

Altes Krematorium Hauptfriedhof, 1984. Die 1899/1900 erbaute Anlage war das sechste Krematorium in Deutschland. Bereits in den 1950er-Jahren war es vom Abbruch bedroht, doch entschied man sich für einen stilwidrigen Anbau. In den 1980er-Jahren diskutierte man erneut über seinen Abbruch. Schließlich wurde es von 1987 bis 1990 stilgerecht restauriert und wird seitdem als Urnenhalle genutzt.

Die ehemalige Ärztevilla in der Luzenbergstraße 54-56, Februar 2002. Die 1908 nach Plänen des Dresdner Architekten Oswin Hempel erbaute Jugendstilvilla sollte in den 1970er-Jahren einer Straßenverbreiterung geopfert werden, was ihr erspart blieb. Dennoch ließ die Stadt die rechte Hälfte des Doppelhauses völlig verfallen. 1993 gelang es Dieter Schaller, das Baudenkmal im Endstadium des Zerfalls beispielhaft zu restaurieren.

Das ehemalige Mädchenwohnheim der Jutespinnerei in Sandhofen, 1906 erbaut, im April 2002. Von 1946 bis 1958 diente es als Caritas-Heim „Maria Frieden", 1959 kaufte es die Stadt Mannheim. Sie nutzte es als Flüchtlingslager, als Heim für ledige Frauen und als Pflegeheim. Seit Ende der 1970er-Jahre stand das Gebäude weitgehend leer. Erst 1993 schuf eine Totalsanierung unter Schonung der Fassade Appartements und Gewerbeflächen.

Die Hauptfeuerwache, um 1970. Das Wahrzeichen der Neckarstadt-Ost sollte nach dem erklärten Willen des Gemeinderats 1975 abgerissen werden, um Platz für weitere Terrassenhäuser der Neckarufer-Bebauung-Nord zu schaffen. Dies konnte der „Verein Alte Feuerwache“ verhindern. Der Gemeinderat dachte um und beschloss die Restaurierung und Nutzung als Kulturzentrum. Die Einweihung fand im Mai 1981 statt.

Das Barockhaus B 2, 14, um 1990. Vermutlich um 1770 von Tünchermeister Peter Maul erbaut, war das Gebäude seit den 1980er-Jahren dem Zerfall ausgesetzt. Eine Heidelberger Immobilienfirma sanierte es 1993 und teilte es in exklusive Eigentumswohnungen auf. Die fehlende Madonna in der Ecknische wurde nicht rekonstruiert.

Der Tritonenbrunnen vor dem Wasserturm, April 1999. Die galvanoplastischen Figuren des 1895 fertig gestellten Brunnens wurden um 1990 abmontiert, da sie starke Witterungsschäden aufwiesen. Das Engagement des Vereins Stadtbild e.V. ermöglichte den Nachguss der Nereiden und Tritonen, die im April 1999 wieder aufgestellt wurden.

Der Wasserturm um 1960. Das kriegsbeschädigte Gebäude war in der Nachkriegszeit mit einem Notdach versehen und entging dem Abbruch nur knapp. Zahlreiche Wiederaufbaupläne sahen den völligen Abbruch des alten Gebäudes vor. Bei einer Umfrage des „Mannheimer Morgen" plädierten jedoch 84 Prozent für die historische Form des Wasserturms. 1963 erstand der zerstörte Wasserturm in seiner alten Form wieder.